ÉTUDE

SUR LE PROJET DE LOI

RELATIF A

L'EXTRADITION DES MALFAITEURS

Extrait de la Revue générale d'administration

PARIS

BERGER-LEVRAULT ET Cⁱᵉ, LIBRAIRES-ÉDITEURS

5, RUE DES BEAUX-ARTS, 5

MÊME MAISON A NANCY

1878

ÉTUDE

SUR LE PROJET DE LOI

RELATIF A

L'EXTRADITION DES MALFAITEURS

Extrait de la Revue générale d'administration

PARIS

BERGER-LEVRAULT ET Cie, LIBRAIRES-ÉDITEURS

5, RUE DES BEAUX-ARTS, 5

MÊME MAISON A NANCY

1878

L'EXTRADITION DES MALFAITEURS

Le 2 mai dernier, M. Dufaure a déposé sur le bureau du Sénat un projet de loi relatif à l'extradition des malfaiteurs.

Réclamée par les Chambres et préparée par le gouvernement, la loi nouvelle témoigne de l'accord des deux pouvoirs ; elle marque une conquête du système républicain, en faisant rentrer sous la règle légale ce qui était laissé à l'arbitraire administratif ; elle améliore la condition des étrangers en France et donne des garanties à la liberté individuelle : elle mérite donc l'attention de tous ceux qui s'intéressent aux progrès de notre droit public.

D'où vient pourtant qu'elle soit restée pour ainsi dire inaperçue, et que la presse n'en ait pas encore préparé la discussion parlementaire par des études critiques?

La cause en est sans doute à l'obscurité qui règne sur la matière. Depuis que l'extradition est entrée dans la pratique internationale, le règlement des difficultés qui s'y réfèrent est suivi, en France, hors de la portée des regards. C'est l'administration qui décide s'il y a lieu de demander à un gouvernement étranger la remise d'un malfaiteur français ; c'est elle qui statue sur le sort des étrangers réfugiés que la justice de leur pays nous réclame. Longtemps même, elle a, sans contrôle, conclu les conventions qui régissent à cet égard les rapports de la France avec les autres États. Loin de nous, et pour cause, la pensée qu'elle se soit montrée inférieure à la tâche ! C'est un fait, au contraire, qu'elle a secondé habilement la justice nationale, et contribué pour la meilleure part à la formation du droit d'extradition. Mais il faut convenir qu'une procédure secrète n'était pas sans inconvénients : elle a eu tout au moins pour effet de détourner l'attention générale et d'amener l'espèce d'indifférence que nous constatons à regret.

A un moment, en 1866, la discussion faillit porter la lumière sur la question; mais ce ne fut qu'une lueur. Le gouvernement de l'empereur venait de dénoncer le traité d'extradition qui nous liait depuis 1843 avec la Grande-Bretagne. Cette mesure avait causé d'autant plus de surprise que les Tuileries mettaient quelque coquetterie à maintenir de bons rapports avec le cabinet de Saint-James. Il fallait que le cas fût grave! Les publicistes des deux pays se mirent en campagne, et l'enquête ouverte par eux fut suivie par le public. Mais leurs écrits témoignent combien la matière était alors ignorée! Du reste, les débats ne tardèrent pas à prendre un caractère exclusivement politique. L'occasion était si belle pour l'opposition libérale en France! L'Empire se plaignant de ne pouvoir obtenir assez facilement l'extradition des Français réfugiés sous la protection des lois de la libre Angleterre : quel bon motif pour comparer les garanties données à la liberté individuelle de chaque côté de la Manche! Quel sujet plus opportun pour battre en brèche le pouvoir absolu! MM. Prévost-Paradol et John Lemoinne conduisaient l'attaque au *Courrier du dimanche*, à la *Revue des Deux-Mondes* et aux *Débats*, tandis que la voix puissante de M. Jules Favre retentissait à la tribune du Corps législatif.

Au milieu de tant de bruit, l'intérêt de la justice répressive fut un peu négligé ; on ne tint pas toujours un compte suffisant du droit de défense que la société doit se réserver contre les malfaiteurs. Mais cette discussion solennelle eut pour effet de convaincre tout esprit libéral que le système usité en France pour les extraditions laissait un champ trop large à l'action administrative, et privait les étrangers des garanties nécessaires.

Une réforme était donc indiquée pour l'avenir.

Cette réforme sera précisément accomplie par la loi qui vient d'être présentée au Sénat : il n'a pas fallu, pour y arriver, moins qu'une révolution!

I.

Une extradition est toujours effectuée à la suite d'une convention générale ou particulière, par laquelle deux gouvernements se sont promis la réciprocité. A qui revient, en France, le droit de passer les conventions de cette nature? Est-ce au pouvoir exécutif seul? Ou bien le gouvernement a-t-il besoin du concours des Chambres? Ce sont là des questions que la lecture du projet de loi suggère tout d'abord.

Sous les monarchies qui se sont succédé en France depuis le commencement du siècle, la Couronne jouissait à cet égard d'un droit exclusif. Les Chartes de 1814 et de 1830, comme la Constitution de 1852, laissaient au souverain la faculté de faire seul la plupart des traités. De là vient que les négociations suivies en matière d'extradition ont été, durant soixante ans, soustraites au contrôle parlementaire.

Cet état de choses ne fut pas complétement modifié à la suite des événements de 1870. On soumit désormais aux représentants du pays les traités généraux d'extradition : c'était un hommage rendu à la souveraineté de l'Assemblée nationale, et l'on reprenait ainsi les traditions de 1848 à 1852. Mais le gouvernement n'en continua pas moins à conclure seul, sous condition de réciprocité, des arrangements particuliers avec les pays qui n'étaient pas liés à la France par une convention générale. Cette distinction n'est guère justifiable en droit. Si le gouvernement n'est pas apte à conclure seul un traité général, comment peut-il valablement négocier un arrangement qui lie la France pour un cas spécial? En fait, la distinction s'explique par des raisons d'utilité. Qu'un malfaiteur se réfugie dans un pays éloigné avec lequel nous n'avons pas de traité : son extradition est immédiatement obtenue sous condition de réciprocité. Si le gouvernement devait se pourvoir préalablement d'une autorisation législative, les retards qui en résulteraient compromettraient le plus souvent le résultat des poursuites.

La loi organique des 16-18 juillet 1875 n'a rien changé aux attributions des pouvoirs publics, en ce qui touche l'extradition. Elle porte que « les traités de paix, de commerce, les traités qui engagent les « finances de l'État, ceux qui sont *relatifs à l'état des personnes* et « au droit de propriété des Français à l'étranger, ne sont définitifs « qu'après avoir été votés par les deux Chambres. » Les traités d'extradition doivent-ils être compris dans cette énumération? La question est résolue affirmativement dans le rapport de l'éminent rapporteur de la loi, M. Laboulaye. Mais affirmation n'est pas preuve, et nombre de jurisconsultes sont d'un avis contraire. Peut-on soutenir, en effet, que les traités d'extradition affectent l'état des personnes, c'est-à-dire l'ensemble des droits civils et politiques qui forment le statut personnel?

Quoi qu'il en soit, le gouvernement n'a pas cessé, depuis 1875, de soumettre aux Chambres les conventions d'extradition ; mais il n'a pas renoncé non plus à demander et à accorder seul des extraditions isolées, à défaut de traité général, et sous condition de réciprocité. L'anomalie signalée plus haut subsiste donc encore. Va-t-elle prendre fin avec la loi nouvelle ? On doit le penser en lisant à l'article 1er que le gouvernement *pourra*, sous des conditions déterminées, livrer aux gouvernements étrangers les individus trouvés sur le territoire français. C'est là comme un principe supérieur inscrit au frontispice de la loi.

Le gouvernement pourra donc, non-seulement passer des traités généraux, mais aussi consentir des extraditions en dehors des traités, pourvu qu'il se conforme aux conditions prescrites par la loi. Cette faculté lui avait été récemment contestée. On avait soutenu que les traités d'extradition devaient avoir un caractère limitatif, au moins en ce qui concerne les délits pouvant donner lieu à extradition. A quoi servirait-il, disait-on, d'avoir inséré dans un traité une liste de délits et de l'avoir fait approuver par le Parlement, si le gouvernement pouvait accorder ou demander seul des extraditions pour d'autres faits ? Cette question ne se posera plus après la promulgation de la loi nouvelle. Le gouvernement aura la faculté de se mouvoir en dehors des traités, pourvu qu'il reste dans les limites de la loi ; il n'aura pas à se représenter devant les Chambres pour obtenir une autorisation qui lui aura été donnée d'avance une fois pour toutes.

Cette liberté d'action paraîtra sans doute excessive à ceux qui pensent, avec M. Laboulaye, que tout traité d'extradition doit, d'après la Constitution, être soumis aux Chambres. Ils rappelleront que la Constitution ne peut être modifiée par une loi ; que les Chambres ne sauraient se démettre du droit de donner à chaque traité nouveau une approbation spéciale ; qu'elles ont intérêt à ne pas s'en dessaisir, afin de rester juges de l'opportunité des négociations. Mais un pareil raisonnement repose sur l'idée que la présentation des traités aux Chambres est obligatoire d'après la Constitution. Cette base manquant, tout l'échafaudage s'écroule.

La portée que nous attribuons à la loi nouvelle est reconnue aux lois analogues dans les pays voisins.

La situation a été longtemps en Angleterre ce qu'elle est aujourd'hui chez nous : le gouvernement négociait les traités d'extradition, mais il devait ensuite les faire approuver par le Parlement. Est intervenu l'Acte de 1870, qui détermine les conditions sous lesquelles les arrangements de cette nature doivent être conclus. Depuis lors, le gouvernement ne soumet plus aux Chambres les traités qu'il a passés dans les limites de cet acte.

Il en est de même en Belgique et aux Pays-Bas. Les traités conclus par le gouvernement conformément à la loi deviennent définitifs sans l'approbation des Chambres. Et remarquons que l'article 1er de la loi soumise au Sénat par M. Dufaure est emprunté presque textuellement à la loi belge du 15 mars 1874.

Nous pouvons donc tenir pour certain que la loi nouvelle, comme la loi belge, conférera au gouvernement français le droit de conclure, sous des conditions déterminées et sans le concours des Chambres, les traités et arrangements relatifs à l'extradition des malfaiteurs.

C'est un point essentiel qu'il importait d'établir, et l'on nous pardonnera d'y avoir insisté.

Au surplus, nous pouvons passer rapidement sur les conditions imposées aux négociateurs de nos futurs traités d'extradition. Les règles du droit international en cette matière sont pour la plupart fixées. Il suffit de parcourir la série des traités conclus par la France depuis quarante années, pour assister au développement des doctrines qui forment aujourd'hui un corps complet.

Les rédacteurs de la nouvelle loi n'avaient donc pas à innover, au moins en ce qui touche la partie purement internationale de leur travail ; ils n'avaient qu'à formuler les principes appliqués dans nos plus récents traités, et à les codifier dans un ordre méthodique : c'est ce qu'ils ont fait.

Ils ont tout d'abord indiqué les personnes dont l'extradition peut être accordée : ce sont, à la seule exception des nationaux, tous les individus poursuivis ou condamnés par une juridiction étrangère compétente, et *trouvés* sur le territoire de la République.

Le mot *trouvés* n'aura pas été employé sans intention. On avait soutenu que l'extradition ne devait s'appliquer qu'aux individus ayant, de leur plein gré, cherché refuge dans le pays requis. C'était une application de la doctrine du *retour volontaire*, qui est encore observée pour la poursuite des délits commis à l'étranger. — La même doctrine avait inspiré le fameux arrêté de l'an VIII, qui rendit à la liberté une troupe d'émigrés rejetés par la tempête sur les côtes de France,

attendu « qu'il est hors du droit des nations policées de profiter de
« l'accident d'un naufrage pour livrer, même au juste courroux des
« lois, des malheureux échappés aux flots » ! — La loi nouvelle mon-
tre moins de générosité : désormais tout individu *trouvé* sur le territoire français pourra être l'objet d'une mesure d'extradition.

Quant aux nationaux, l'exception maintenue en leur faveur est
mentionnée dans tous les traités conclus par les puissances conti-
nentales de l'Europe. C'est une règle qui subsiste par la force de la
tradition et par suite d'un reste de défiance contre les juridictions
étrangères. Les inconvénients en sont tempérés chez nous par les dis-
positions de nos lois criminelles, qui permettent de poursuivre, à son
retour en France, tout Français ayant commis un crime hors du territoire. Cependant la justice et la logique voudraient que ce Français fût
jugé là où il a commis le crime : là sont véritablement ses juges natu-
rels, car la loi pénale est avant tout territoriale ; là sont plus sûrement
réunies les preuves et les conditions d'une bonne justice ; là surtout se
fait sentir le besoin de la répression et de l'exemple. Mais que de gens
se récrieraient encore à la pensée que le gouvernement pourrait livrer
un Français ! L'Angleterre et les États-Unis admettent depuis longtemps
cette éventualité : leurs nationaux sont pourtant moins certains que
tous autres de rencontrer à l'étranger des garanties égales à celles qui
sont assurées à tout accusé par les lois de leur pays. Un jour viendra
où les préventions qui subsistent en Europe auront disparu ; mais ce
jour paraît encore éloigné, et l'on ne saurait guère blâmer le législateur
de ne pas devancer l'opinion.

Les faits qui pourront donner lieu à extradition ne sont pas énumé-
rés dans le projet de loi. Une énumération de cette nature n'aurait
présenté aucune utilité, tout en ayant l'inconvénient de rendre plus
difficiles les négociations des traités. La loi porte seulement que
l'extradition pourra être accordée pour tous les crimes, et pour les délits passibles au maximum d'une peine de deux ans et au-dessus. Cette
disposition permettra d'atteindre toutes les infractions de quelque gra-
vité. Certaines personnes trouveront même qu'elle comprend des délits
trop minimes. Comment ne pas s'apitoyer sur le sort d'un misérable
qu'une justice impitoyable poursuit jusqu'à l'étranger ? N'est-il pas assez
puni par l'exil ? Faut-il lui infliger encore les ennuis d'une arrestation
préventive, les fatigues d'un voyage désagréable et la honte d'un juge-
ment contradictoire ?... Voilà des considérations qui nous touchent

peu. Sans doute il peut y avoir des cas où l'extradition d'un délinquant présenterait quelque chose d'excessif et ne serait pas justifiée par la nécessité sociale ; mais il y en a d'autres où la répression d'un délit minime est d'intérêt général. Il est bon, par conséquent, que le gouvernement puisse agir à l'occasion. Ce n'est pas une obligation qui lui est imposée, et il ne demandera pas nécessairement l'extradition de tous les délinquants en fuite ; c'est une faculté qui lui est donnée, et dont il usera quand il le croira nécessaire.

Si large que soit la liste des faits passibles d'extradition d'après la nouvelle loi, elle laisse pourtant en dehors deux grandes catégories d'infractions ; ce sont, d'une part, les crimes et délits politiques, et d'autre part, les délits militaires, tels que l'insoumission et la désertion.

Il est de principe que les crimes et délits politiques ne donnent pas lieu à extradition. La cause en est à l'incertitude et aux divergences qui subsistent sur la criminalité et sur la mesure de la criminalité de pareils actes. Dès 1841, M. Martin du Nord, alors ministre de la justice, proclamait que la France ne demanderait et n'accorderait jamais une extradition pour faits politiques. M. Dufaure devait confirmer la parole de son prédécesseur.

Des motifs analogues font exclure les délits militaires : la désertion et l'insoumission ont un caractère tout particulier, relèvent de juridictions exceptionnelles, entraînent des pénalités différentes selon les pays, et prennent souvent un caractère politique. — L'exception stipulée pour ces délits spéciaux ne s'étend pas à la désertion des matelots. Le gouvernement conserve la faculté d'accorder et de réclamer la restitution des marins déserteurs : c'est une des conditions de la sécurité de la navigation, et de nombreux traités l'ont consacrée.

La nouvelle loi réserve l'application des grands principes de notre droit pénal. Ainsi l'extradition ne sera pas accordée lorsque les actes incriminés auront été commis en France, lorsqu'ils y auront été jugés définitivement, ou lorsqu'ils seront couverts par la prescription.

L'individu dont l'extradition aura été autorisée, ne pourra, en aucun cas, être jugé sur des faits qui n'auront pas expressément motivé son extradition. Son consentement ne sera plus suffisant pour autoriser les poursuites sur d'autres chefs d'accusation. L'exposé des motifs de la loi en donne la raison : « La déclaration de l'accusé « consentant, sur l'interpellation d'un magistrat, à être jugé sur de « nouveaux chefs, et se dépouillant ainsi des garanties qui l'entou-

« raient, pouvait ne pas sembler suffisamment libre ou tout au moins
« suffisamment éclairée. » C'est donc une pensée de bienveillance pour
l'accusé, sinon de défiance contre le juge, qui a inspiré cette nouvelle
clause. Pourtant l'accusé n'est-il pas le plus juste appréciateur de ses
intérêts ? Ne sera-t-il pas assisté d'un conseil, qui éclairera son juge-
ment ?... Quoi ! Voici un homme qui, par repentir ou pour se gagner
l'indulgence des juges, demande à répondre de tous les chefs d'accusation ; il faudra lui opposer un refus, et prolonger sa détention jusqu'à l'issue d'une nouvelle procédure d'extradition ! N'a-t-il pas le droit
d'être jugé sur tous les actes relevés à sa charge, et sa fuite à l'étranger
le lui a-t-il fait perdre ? Ce droit lui est d'ailleurs réservé formellement
par nos conventions avec la Suisse, la Bavière, l'Italie, la Belgique et
la principauté de Monaco : la loi nouvelle y portera-t-elle atteinte ?

Cette loi contient une autre prescription que nous sommes surpris
d'y rencontrer : il s'agit d'un cas si exceptionnel, qu'il ne méritait pas,
ce semble, l'honneur d'un règlement spécial ! Supposons, par exemple,
que le gouvernement français ait obtenu de la Belgique l'extradition
d'un Espagnol, pour un crime commis en France ; les autorités
italiennes demandent ensuite à la France l'extradition du même individu pour un crime commis en Italie ; d'après la loi nouvelle, le
gouvernement français ne pourra pas faire droit à cette réclamation,
si le gouvernement belge n'y consent préalablement. — Pourquoi ? —
« Le but de cette disposition, lisons-nous dans l'exposé des motifs, est
« de prévenir les extraditions indirectes à l'aide desquelles le gouver-
« nement requérant chercherait à obtenir par une voie détournée ce que
« le gouvernement du pays de refuge eût été résolu à refuser. » — Ainsi
le gouvernement italien ne pourrait obtenir directement de la Belgique
une extradition : que va-t-il faire ? Il engagera la France à réclamer
d'abord l'extradition du même individu pour un autre fait, et la saisira
ensuite de sa requête. N'est-ce pas le comble du machiavélisme ? —
« Par cela seul, ajoute l'exposé des motifs, que le pays requis n'auto-
« rise l'extradition que pour un fait déterminé, et au vu de justifications
« spéciales à ce fait, le dessaisissement de ce pays, relativement à
« l'extradé, n'est pas absolu et indéfini... Le principe même qui, pour
« des faits non compris dans l'acte qui a autorisé l'extradition, fait
« obstacle à l'exercice de la juridiction du pays qui a obtenu la remise
« du malfaiteur, s'oppose à ce que ce pays dispose de l'extradé en le
« remettant à la juridiction d'une puissance tierce. » — Eh bien, non !

ce raisonnement par analogie n'est pas admissible. Pour les faits réservés dans l'acte d'extradition, le gouvernement requérant s'est engagé à ne pas en faire l'objet de poursuites ; mais il ne s'est point obligé à ne pas livrer l'extradé à une autre puissance. Une poursuite et une extradition sont choses différentes ; la première constitue un acte de juridiction, l'autre est un acte de souveraineté. Le gouvernement qui a obtenu l'extradition est absolument dégagé de toute obligation à l'égard du pays requis, par cela seul qu'il s'abstient de poursuites sur les chefs réservés. Sa situation est libre lorsqu'une puissance tierce vient lui demander l'extradition du même individu : il n'a pas une raison à faire valoir pour se refuser à l'exécution du traité qui le lie vis-à-vis de cette puissance, et qui seul fait loi pour elle. L'individu que je réclame, peut-elle dire, est sur votre territoire ; je fournis les justifications prescrites par notre traité ; de votre côté, remplissez les obligations qui vous incombent, et livrez-moi le prévenu. — A cette mise en demeure, le gouvernement requis ne saurait objecter un engagement tacite pris ailleurs : ce serait soutenir qu'un traité peut être modifié par l'acte d'un tiers... La clause que nous critiquons est grosse de complications internationales, et ne se justifie pas en théorie pure : nous souhaitons qu'elle soit effacée de la loi, où sa place n'est pas marquée.

II.

Jusqu'à présent, l'administration française statuait seule sur les demandes d'extradition formulées par les gouvernements étrangers, et les individus réclamés restaient privés de garanties légales. Désormais, la justice donnera son avis sur ces questions, et les intéressés seront admis à faire valoir devant elle leurs objections et leurs moyens de défense.

Pour bien saisir la portée de cette innovation, il faut savoir comment les autres nations procèdent en pareil cas. Trois systèmes se partagent le monde : l'un est suivi en Angleterre et aux États-Unis, l'autre en Belgique et aux Pays-Bas, le troisième en France et dans les autres États de l'Europe.

Lorsque le gouvernement anglais reçoit une demande d'extradition, il la transmet au tribunal compétent pour en connaître. Ce tribunal décide s'il y a lieu de décerner un mandat d'arrêt contre l'individu réclamé, qui, le cas échéant, comparaît en audience publique, assisté d'un conseil. Alors s'ouvrent les débats d'un véritable procès, qui aboutit soit au renvoi du prévenu en prison, soit à sa mise en liberté. Le tribunal est armé des mêmes droits de juridiction que s'il s'agissait d'un crime commis en Angleterre. Si les justifications produites à l'appui de la demande d'extradition sont telles qu'elles ne justifieraient pas en Angleterre le renvoi de l'inculpé devant le jury, le tribunal le fait mettre en liberté ; l'instance est alors terminée, et le gouvernement n'a plus qu'à notifier au pays requérant le rejet de la demande. Dans le cas contraire, le tribunal ordonne le maintien du prévenu en état d'arrestation, et il en avise le gouvernement ; un délai de quinze jours est accordé, pour que le prévenu puisse interjeter appel devant une cour. Au bout de ce temps, le gouvernement, après un nouvel examen, peut autoriser la remise du détenu aux autorités étrangères.

En Belgique, les choses ne suivent pas le même cours. Après un premier examen, le gouvernement transmet la demande au pouvoir judiciaire, qui rend exécutoire le mandat d'arrêt décerné à l'étranger contre l'individu réclamé. Celui-ci est alors arrêté, et comparaît, en audience publique et assisté d'un conseil, devant la Chambre des mises en accusation de la cour d'appel du ressort. Il fait valoir tous les motifs qui lui paraissent s'opposer à ce que son extradition soit autorisée ; de son côté, le ministère public présente ses conclusions. A la suite des débats, la cour formule un avis motivé. A la différence du tribunal anglais, elle ne statue ni sur le sort du détenu, ni sur le fond du procès criminel ; elle exprime seulement un avis sur le point de savoir s'il y a lieu d'accorder l'extradition. Cet avis ne lie pas le gouvernement, qui décide de la question comme il l'entend.

En France, et dans la plupart des autres pays d'Europe, la demande d'extradition est successivement examinée au ministère des affaires étrangères et au ministère de la justice. Une fois saisi, le ministre de la justice statue définitivement et sans recours. Aucun tribunal n'intervient. Longtemps même, l'examen de la demande a été effectué chez nous et la décision prise, sans que l'individu réclamé fût entendu, sans qu'on s'assurât de sa présence en France. En 1875, une amélioration notable a été introduite par le ministre de la justice, — c'était déjà M. Dufaure : — il décida qu'à l'avenir aucun décret autorisant l'extradition d'un étranger ne serait proposé à la signature du chef de l'État avant que cet individu eût été arrêté, conduit au parquet le plus voisin, interrogé et admis à faire valoir ses objections devant le procureur de la République.

Le simple rapprochement de ces trois modes de procéder aura suffi pour en faire comprendre les avantages et les inconvénients.

C'est évidemment en Angleterre que l'individu réclamé est protégé de la manière la plus complète. La justice ne prononce sur son sort qu'après lui avoir donné tous les moyens de se défendre, qu'après s'être assurée que la poursuite repose sur une base solide. Mais cette procédure entraîne pour le pays requérant l'obligation de ne formuler la demande qu'après avoir terminé l'instruction ; il en résulte que l'accusé a eu tout le temps de disparaître lorsque son extradition peut être réclamée. On peut dire aussi qu'en examinant le fond même du procès, le juge anglais empiète sur les attributions du juge compétent, c'est-à-dire du juge du lieu où le crime a été commis. Le système anglais est donc défectueux en pratique et en théorie : il rend l'extradition difficile, incertaine et coûteuse ; il sacrifie l'intérêt de la justice à la sécurité de la personne réclamée.

C'est le contraire qu'il faut dire de la procédure suivie jusqu'à présent en France. Toutes les facilités sont données à la poursuite ; mais la situation des prévenus n'est pas suffisamment protégée. L'interrogatoire auquel ils sont soumis depuis 1875, constitue sans doute une garantie ; mais il ne leur donne pas, comme un débat contradictoire et public, les moyens de faire valoir les objections qu'ils peuvent avoir contre la demande d'extradition. Cette demande soulève des questions spéciales : constatation d'identité et de nationalité, vérification de pièces, appréciation du caractère et de la criminalité du délit, etc. Et le pouvoir judiciaire n'est pas même consulté, et l'examen de tous ces points est laissé à des fonctionnaires de l'ordre administratif !

Le système suivi en Belgique est exempt des critiques opposées qui atteignent les deux autres : il fait intervenir la justice dans l'examen de la demande, et il donne au prévenu toutes les garanties de la défense et de la publicité ; de plus, il facilite la tâche de l'État requérant en n'exigeant que la justification de la régularité des poursuites, de la nature du délit et de l'identité du prévenu. De tels avantages devaient le faire préférer à tout autre pour la réforme qu'on avait en vue. C'est, en effet, le système belge, que la nouvelle loi consacre en l'appropriant à l'organisation particulière de notre pays.

Lorsque cette loi sera en vigueur, toute demande d'extradition fera l'objet d'un premier examen au ministère des affaires étrangères, où elle parvient tout d'abord. L'exposé des motifs porte qu'elle y sera examinée « au seul point de vue de la qualité diplomatique de l'agent « requérant » ; mais la loi elle-même n'est pas aussi restrictive. Il serait étrange que le ministre des affaires étrangères cessât de veiller à l'application régulière des traités qu'il a négociés, de vérifier si les poursuites n'ont pas un caractère politique : ce sont là des points sur lesquels sa compétence spéciale ne saurait être contestée.

La demande d'extradition sera transmise ensuite au ministère de la justice, qui, après en avoir, à son tour, vérifié la régularité, invitera le ministre de l'intérieur à faire rechercher et arrêter le prévenu. Ce dernier sera conduit sans retard au parquet de la cour d'appel du ressort, où, son identité constatée, il recevra communication du titre qui a motivé son arrestation. S'il ne consent pas à être livré sans autres formalités, il sera renvoyé devant la Chambre des mises en accusation, qui s'assemblera au jour le plus prochain. Il y comparaîtra en audience publique, — grave innovation dans la procédure des chambres d'accusation ! — à moins qu'il ne réclame lui-même le huis clos, et il pourra se faire assister d'un conseil. Après avoir entendu contradictoirement les observations du détenu et les conclusions du ministère public, la cour formulera un *avis motivé sur la demande d'extradition*. Ces mots indiquent suffisamment que l'examen n'aura pas porté sur le fond même du procès, sur la question de culpabilité. L'avis de la cour sera transmis au ministre de la justice, qui décidera alors, en connaissance de cause, s'il convient de proposer au Président de la République un décret d'extradition.

Est-il besoin d'insister sur l'importance d'une pareille réforme ? A l'information secrète, qui se suit encore dans les bureaux de l'administration, vont être substitués des débats publics et contradictoires devant une cour. L'étranger de passage ne courra plus le risque d'être livré aux autorités de son pays sans avoir eu les moyens de se défendre et d'éclairer l'État requis sur le mobile de la poursuite. Peut-être en résultera-t-il un retard de quelques jours pour le règlement des procédures d'extradition ; mais le dénouement n'en sera pas moins sûr.

Certaines personnes s'étonneront sans doute que l'extradition des étrangers soit entourée de telles garanties en France, alors que leur expulsion dépendra d'un simple arrêté ministériel ou préfectoral... Les réformes ne sont pas l'œuvre d'un jour : l'une amènera l'autre.

Dans un autre ordre d'idées, on peut regretter aussi que l'extradition soit accordée sur le vu d'un simple mandat d'arrêt, et que la production de justifications plus complètes ne soit pas nécessaire. Disons pourtant qu'à l'exception de l'Angleterre et des États-Unis, toutes les puissances se contentent du mandat d'arrêt. La Belgique, les Pays-Bas et le Luxembourg ont renoncé récemment à exiger la production d'un arrêt de mise en accusation : c'était une cause de retards qui compromettaient l'efficacité des poursuites.

Telle quelle, la loi nouvelle apporte une amélioration très-sensible dans la condition des étrangers en France. Elle régularise, en outre, toutes les procédures qui, de près ou de loin, se rattachent aux extraditions. Des clauses spéciales y règlent l'arrestation provisoire, le transit des extradés, la restitution des objets saisis en la possession des malfaiteurs réclamés, l'exécution des commissions rogatoires, les citations de témoins et les confrontations de détenus étrangers, etc. Nous n'y insistons pas : il suffit d'avoir indiqué l'esprit et l'économie de cette loi libérale, à laquelle M. Dufaure aura l'honneur d'attacher son nom.

(Extrait de la *Revue générale d'administration.*)

Nancy, imp. Berger-Levrault et Cᵢᵉ.